AF268276

# HARANGVES,

## ET

## ELOGES

### VERITABLES DE DEVX

## ARCHEVESQVES,

### PROTECTEVRS DE LA PAIX

& d'vn mesme Trouppeau.

*Vos secli iusti judices,*
*Et vera mundi lumina*
*Vot.. precamur Cordium*
*Audite Preces supplicum.*

Par M. H. D. Barroys. P.C.D.S.N.D.S.M.D.F.

## A PARIS,

Chez LOVIS SEVESTRE, ruë du Meurier
prés S. Nicolas du Chardonnet.

# A MONSEIGNEVR,

# MONSEIGNEVR,

## MESSIRE IEAN FRANCOIS

# DE GONDY

## Archeuesque de Paris.

MONSEIGNEVR,

Si jadis l'infortuné Acteon fut changé
en cerf pour auoir eu tant de temerité que d'auoir
jetré ſes yeux prophanes ſur les admirables beautez
de Diane, ie crains ne pouuoir pas eſperer vne meil-
leure fortune, ſi i'oſe maintenant preſenter mes vœux
& mes tres-humbles ſeruices par vne ſi petite re-
connoiſſance à voſtre Illuſtre perſonne, où l'on voit
la viue Image & le miroir brillant de toutes les vertus & graces neceſſaires au premier Prelat de la
France : puiſque ie n'ay pas moins de temerité qu'eût
ce miſerable, ny vous moins de puiſſance que Diane :
Mais ie ſçay trop bien que vous auez plus de pieté
qu'elle n'eut de rigueur & d'enuie : c'eſt pourquoy
MONSEIGNEVR, vous croyant plus fauora-
ble, & appuyé que ie ſuis ſous voſtre authorité

baillant la pefanteur de ma plume à la cenfure de tant d'efprits, i'ay penfé que vos facrées mains me feront vn Nereus pour me preferuer, & vos yeux vn phare pour mefclairer, prononçant les lignes fuiuantes à l'honneur d'vn Pafteur auquel toute la France doit des homages, permettez - moy donc de vous prefenter ce petit labeur, que le luftre de voftre nom fera voir à plufieurs fi vous daignez le receuoir comme l'offrande de mes premices, & comme vn échantillon de la reconnoiffance immortelle que ie defire rendre à voftre grandeur de laquelle ie fuis & feray toufiours,

MONSEIGNEVR,

Voftre tres-obeyffant
& tres affectionné
P. H. D. B.

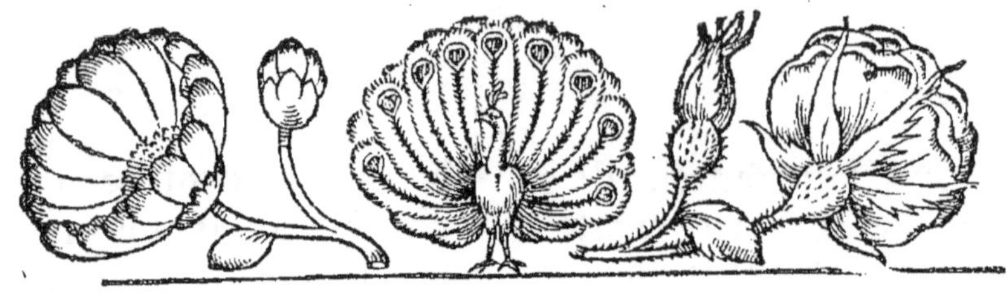

# A MONSEIGNEVR,

# MONSEIGNEVR,

## MESSIRE IEAN FRANCOIS

# PAVL DE GONDY

## Archeuesque de Corinthe,
### Coadjuteur de Paris.

**M**ONSEIGNEVR,

Le temps que ie dois à l'Eglise, m'o-
stant le loisir de transcrire les Eloges que ie vous pre-
sente (auec l'humilité & reuerence,) autant de cop-
pies qu'il eust esté necessaire pour assouuir l'affamée
curiosité de tant de personnes qui vous honorent, i'ay
mandié secours à l'impression, mais d'autant que
c'est bailler son artere à taster à tout le monde, & se
soubmettre à la censure des ignorans comme des
doctes d'exposer quelque chose en public s'il ne por-
toit au front le nom d'vn personnage de merite, ie
l'ay voulu timbrer de deux sur le frontispice pour
reietter les traicts de la médisance, trois princi-

B

pales raiſons m'ont induit à ce faire, la premiere l'honneur que ie dois à deux Prelats de voſtre ancienne genealogie, la ſeconde au contentement du peuple duquel ils ſont ſi amoureuſement cheris, la troiſieme pour le contētement que vous aurez en les liſant puiſque voſtre admirable Genie vous porte naturellement à aymer dans voſtre diuertiſſement les fleurs qu'vne gentille muſe amaſſe aux riues camelotées de ſon hypocrene, & qui ſçait iudicieuſement diſcerner le Poëme coulant a l'aiſe tiſſu de termes propres, rehauſſé de viues ſentences, diſpoſé en bel ordre & enrichy de fermes contrepointes, d'auec vn rhyme groſſier, rude, proſaïque farcy d'idiomes barbares, qui eſcorchent la langue & les oreilles, où qui traiſnant les aiſles, ſuë ſang & eau pour enfanter de monſtreuſes conceptions plaiſe à voſtre dignité fauoriſer mon deſſein & receuoir ce que vous preſente vn Preſtre qui vous ſera touſiours tres-affectionné & obeyſſant. H. D. B.

---

*Lecteur tu remarqueras que ſur les dixains où il y aura vn A. M. D. P. que c'eſt la loüange de Monſeigneur de Paris où il y aura A. M. L. C. mon Seigneur le Coadjuteur.*

# HARANGVE,

## ET

# ELOGES

## VERITABLES DE DEVX

## ARCHEVESQVES

### PROTECTEVRS DE LA PAIX

#### & d'vn mesme Trouppeau.

*RANDS Prelats que la France estime*
*L'honneur des Gondy leurs ayeux,*
*Hommes sans pareil & sans crime*
*Fleau terrible des vicieux :*
*Grands esprits souffrez que ie trace*
*Par vne officieuse audace*
*Ces vers dignes de voir le jour,*
*Et qu'en faueur de vos loüanges*
*I'emprunte le parler des Anges*
*Pour vous aller faire la cour.*

*Mais quelle vanité m'abuse*
*Et quelle erreur tient mon esprit,*
*De croire que ma foible Muse*
*Vous peut plaire en ce qu'elle escrit,*

Ma temerité fubornée
Par le deuoir qui la gagnée
Me fait entreprendre trop haut,
Et voftre merueilleufe vie
Eft vn obftacle à mon enuie
Qui n'en peu dire ce qu'il faut.

Ie fçay que voftre Renommée
Ne s'eft point faite par des vers
Sa haute vertu la femée
Aux quatre bouts de l'vniuers
Ces bouches qui font mercenaires
N'ont jamais efté neceffaires
A voftre renom glorieux
Vos exemples inimitables
Sont les Trompettes veritables
Qui vous immortalifent mieux.

Vous les plus accomplis des hommes
Les plus faincts, les plus vertueux,
De tous ceux du fiecle où nous fommes
Et du fouuenir des Neueux:
Digne fujet de cent volumes,
Objet des plus fcauantes plumes,
Rare exemple de pieté,
Riche matiere d'vne hiftoire,
L'admiration, & la gloire
De toute la pofterité.

## A. M. L. C.

Grand cerueau, fuperbe genie
Abifme profond de fcauoir,
De qui la fcience infinie
Va plus haut que l'humain pouuoir,
Sainct Orateur bouche faconde
Qui renez rauy tout le monde

Sous

Sous vn langage s'y charmant,
Vos actions sont des miracles
Vos paroles sont des oracles,
Et vostre personne vn aimant.

A. M. L. C.

Aussi nos ames captiuées
Posent leurs inclinations,
Sous vos paroles releuées
Qui gaignent nos affections,
Vostre nompareille franchise,
Est l'ascendant qui nous maistrise
En cette alléchante douceur,
Nous jette vne si belle amorce
Qu'insensiblement & sans force
Elle nous desrobe le cœur.

A. M. D. P.

Vous me donnés tant de matiere
Que ie ne sçaurois par quel bout
Coure vne si longue carriere
Ou ie ne dirois iamais tout
Car vos precieuses années
Que les heureuses destinées
Ont comblé de felicité
Me laissent sans recognoissance
Et dans cette grande abondance
Ie trouue ma sterilité.

A. M. L. C.

Ie vous pourrois sans flatterie
Comparer à ces grands esprits
D'ont la memoire est si cherie
Pour leur vie & pour leurs escrits
Ces Augustins, ces Chrisostomes,
Ces Gregoires & ces Hierosmes,
Ce sainct Paul que vous aimez tant
Tous ces flambeaux de l'Escriture
Seroient l'objet de la Peinture
Qui feroit veoir leur ressemblant.

## A. M. D. P.

*De Gondy perc des Muses*
*Vos admirables qualitez*
*Font voir que des graces infuses*
*Vous inspirent tant de clartez*
*Vn seul malheur vous est contraire*
*Parmy la douceur ordinaire*
*Qui vous fait adorer de tous*
*C'est que les enfans de memoire*
*N'ont point d'assez fameuse gloire*
*Ny de termes dignes de vous.*

## A. M. L. C.

*Apres tant d'ouurages sublimes*
*Dont vous auez esté l'obiet*
*Ie rougis que de simples rimes*
*Traittent vn si noble sujet*
*Quelle enuie presomptueuse*
*Pousse ma plume langoureuse*
*A monstrer sa legereté?*
*Icy ma raison est sans phare*
*Ou ie me perdray comm'Icare*
*Qui mourut par sa vanité.*

## A. M. D. P.

*Tant d'Apollons & tant d'Orphées*
*Tant de celebres Amphions*
*Vous ont erigé des trophées*
*Par de si doctes fonctions*
*Nos voix cassées nos voix debiles*
*Aupres de ses bruches habiles*
*Ne poussent que de vains accens*
*C'est à faire à ces grandes ames*
*D'exciter les diuines flames*
*Qui vous font fumer leur encens.*

## A. M. L. C.

*Le feu qui brusle dans mes veines*
*N'a point encore assez d'ardeur*

Pour faire respondre mes peines
A vostre excessiue grandeur,
Mon pinceau n'a pas l'aduantage
De tirer la celeste Image
De vos diuines actions,
Pour crayonner vostre personne
Il faut que le Soleil me donne
Vn de ses plus brillans rayons.

### A. M. D. P.

Permettez donc que ie me taize
Et que mon silence profond
Me laisse songer à mon aize
Au proiect ou ie me confonds,
Permettez que ie vous supplie
Et qu'à vos pieds ie m'humilie
Excusant ma temerité,
Si i'ose auec ces basses veilles
Tarder vos yeux & vos oreilles
Dessus mon incapacité.

### A. M. L. C.

Monseigneur mon impatience
Veut franchement vous aduoüer
Que i'ay de la resiouyssance
Lors que ie vous entens loüer
Ie voudrois bien le pouuoir faire
Ie voudrois bien vous satisfaire
Par quelque chose de mieux fait
I'ay le vouloir & le courage
Pour ce produyeux ouurage
Mais ie n'ay pas encor l'effect.

### A. M. D. P.

Si ma puissance estoit égale
A tant de fameux escriuains,
De qui le bel esprit estale
Dequoy les pouuoir rendre vains,
Si i'auois les moindres pensées

De ces ceruelles bien senfées
Ie m'eftimerois fort heureux
Ma paffion feroit rauie
Et ne formerois point d'enuie
Que pour vous confacrer mes vœux.

### A. M. L. C.

Ie dirois que la Cour entiere
Adore & cherit vos vertus
Qu'à voftre parole premiere
Les vicieux font aba tus :
Ie dirois que fous voftre Empire
Tout Paris aifement refpire
Et que vous auez tant d'apas
Que les plus mefchants vous honorent
Que les gens de bien vous adorent
Et que tout flefchit fous vos pas.

### A. M. D. P.

Ie dirois mille belles chofes
Et ie dirois la verité
Ie ferois vn champ tout de rofes
A Voftre immenfe dignité,
Voftre Venerable vieilleffe
Goufteroit auecque tandreffe
Et mes plaintes & mes eflans
Qui dans vne crainte future
Mé font quereller la Nature
De ne redoubler pas vos ans.

### A. M. D. P.

D'vne gracieufe induftrie
Ie vous ferois remercier
Par les cheres & douces patries
D'ont vous daignez vous foucier,
Ie ferois parler tant de villes
Qui ne feroient pas fi tranquilles
Sans l'amour que vous leur portez
Et par des deuoirs legitimes

Elles vous rendroient les victimes
Que l'on vous rend de tous costez.

Pour vous faire des sacrifices
Vous verriez tous ces Citoyens
Qui vous offriroient leurs seruices
En toutes sortes de moyens,
Vous verriez ces ames bien nées
Deuant vos genoux inclinées
Rendre grace à vostre bonté
Par des soubmissions parfaictes
De tous les biens que vous leur faictes
Qu'elles ont si peu merité.

Tous vous nommeroient leurs delices,
Leur amour, & leurs Protecteurs,
Et diroient que sous vos auspices
Ils ne craignent point les malheurs,
Par vn éloge tributaire
Comme à son Ange tutelaire
Paris vous rendra son deuoir,
Aduoüant que son heur consiste
Et que sa liberté subsiste
A vous aimer & vous auoir.

Messeigneurs ie vous importune
I'abuse de vostre loisir,
Vne loüange si commune
Ne vous peut donner de plaisir:
Que mon respectueux silence
Agrée à vostre reuerence,
Pendant que ie vais admirer
Vos perfections immortelles,
Auec vos vertus qui sont telles,
Que chacun les doit adorer.

### A. M L C.

Et si vostre cœur de-bonnaire
Veut sçauoir quel est mon employ,
Pour vous donc ie m'en vay me taire
Et parler seulement pour moy ,
Ie vay vous dire sans mensonge
Que le premier point ou ie songe
Dés que i'apperçoy la clarté,
C'est de ietter en haut la veüe
Afin que Dieu vous continuë
Tousiours vostre bonne santé.

### A. M. D. P.

Ie demande à sa Prouidence
Tous les soirs & tous les matins
Vne longue perseuerance
De vos iours & de vos destins,
Ie la coniure, ie l'implore,
Qu'elle vous fasse viure encore
Autant que les plus vieux ont fait,
Et que les Parques mutinées
Ne fletrissent point vos années
Que vous n'en soyez satisfait.

### A. M. M.

Apres dedans la solitude
Ie flatte le raisonnement
Tombant des soins de mon estude
Dans les bras du contentement,
Puis haussant par fois la paupiere
Vers le Ciel iç fais ma priere
Pour vostre prosperité
I'inuocque l'aide de Marie
Et celuy des Saincts que ie prie
Pour acquerir l'Eternité.


Tantost iettant sur ma misere
Vn œil iustement enuieux

Ie fais riche de ma colere
Mon destin si soucieux,
Iamais pourtant ie ne murmure
Contre l'Authear de la nature
Qui me fait encore trop de bien,
Qu'il me frappe qu'il me cherisse
Qu'il me flatte qu'il me punisse
Son vouloir est tousiours le mien.

Tantost benissant mes entraues
Qui sont de fer & non pas d'or
Ie plains ces illustres esclaues
Qui font leurs ceps de leur thresor:
Ie plains cette pompe orgueilleuse
Qui bien qu'elle soit radicuse
Traisne les soucis auec soy
Et dis dans ma basse auanture
Qu'il fait aussi bon sous la bure
Que dessous la pourpre d'vn Roy.

Enfin mon dernier exercice
Est de faire des vœux pour vous,
Priant que tout vous soit propice
Et qu'à iamais tout vous soit doux
Que vous ayez le Ciel prospere
Que vous fassiez ce que i'espere
Que vous consideriez mes vœux
Que vous n'ayez que des iours calmes
Que chargées de Lys & de Palmes
Vous rauissiez vn iour les Cieux.

Messeigneurs ie tranche ces lignes
Que ie confesse hautement
Estre parfaictement indignes
De vostre diuertissement,
Si vous les auez agreables

*I'en vay songer de plus capables*
*Pour acheuer voftre tableau*
*Où par l'eftude & l'artifice*
*I'effuiray ce trauil nouice*
*Sur qui ie tire le rideau.*

**F I N.**

Il eft permis au fieur de Barroys de faire
Imprimer les vers cy-deffus. Fait ce 26.
Feurier 1649.